Impressum
Verlag: BABADADA GmbH, Nedderfeld 112 , 22529 Hamburg
Geschäftsführer / Verlagsleitung: Harald Hof
Druck: Books on Demand GmbH, In de Tarpen 42, 22848 Norderstedt

Imprint
Publisher: BABADADA GmbH, Nedderfeld 112 , 22529 Hamburg, Germany
Managing Director / Publishing direction: Harald Hof
Print: Books on Demand GmbH, In de Tarpen 42, 22848 Norderstedt, Germany

škola
kool

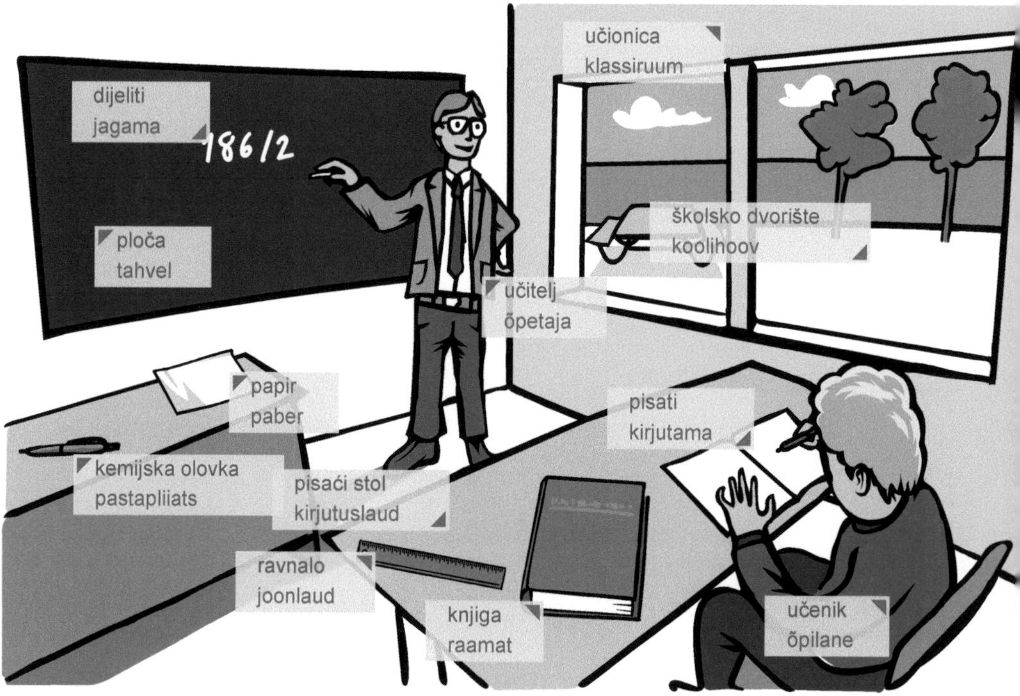

dijeliti
jagama
186/2
ploča
tahvel
učionica
klassiruum
školsko dvorište
koolihoov
učitelj
õpetaja
papir
paber
pisati
kirjutama
kemijska olovka
pastapliiats
pisaći stol
kirjutuslaud
ravnalo
joonlaud
knjiga
raamat
učenik
õpilane

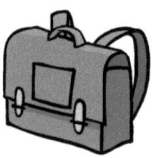

torba
koolikott

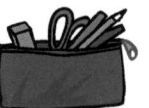

pernica
pinal

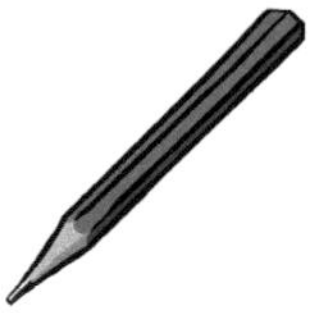

grafitna olovka
harilik pliiats

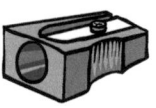

šiljilo za olovke
pliiatsiteritaja

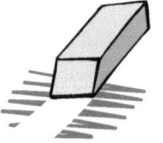

gumica za brisanje
kustukumm

blok za crtanje
joonistusplokk

crtež

joonistus

kist

pintsel

kutija s bojama

värvikarp

makaze

käärid

ljepilo

liim

bilježnica

töövihik

domaći zadatak

kodutöö

broj

number

sabirati

liitma

oduzimati

lahutama

množiti

korrutama

računati

arvutama

slovo

täht

abeceda

tähestik

hello

riječ

sõna

tekst
tekst

čitati
lugema

kreda
kriit

sat
koolitund

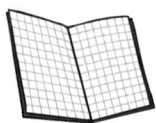

dnevnik
klassipäevik

ispit
eksam

svjedodžba
tunnistus

školska uniforma
koolivorm

obrazovanje
haridus

leksikon
entsüklopeedia

sveučilište
ülikool

mikroskop
mikroskoop

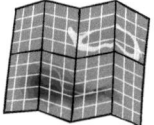

karta
kaart

košara za papir
paberikorv

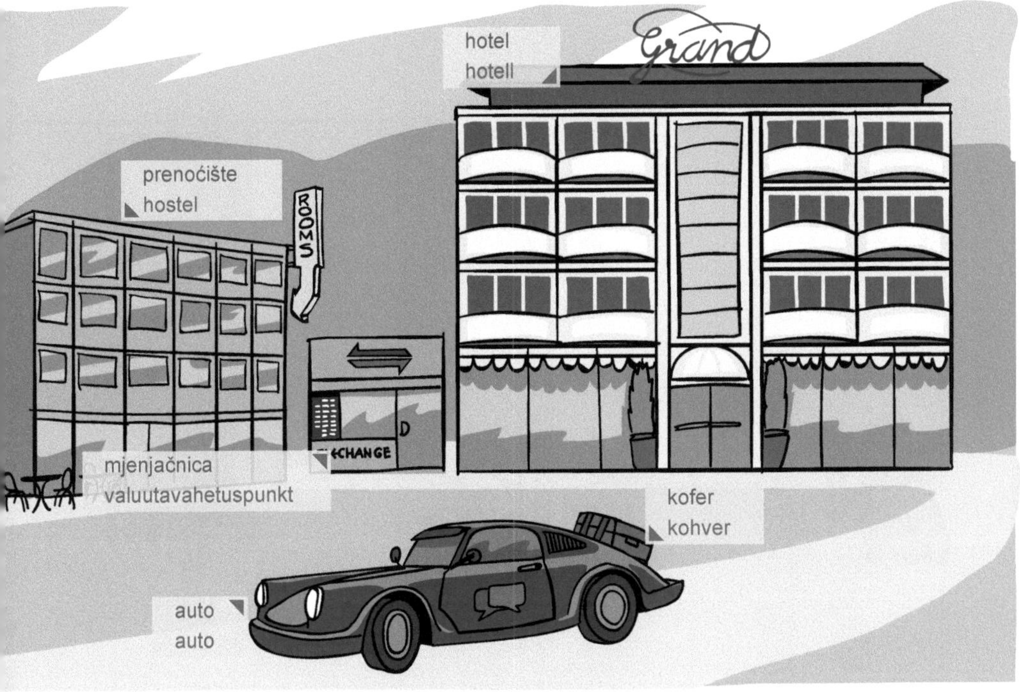

hotel
hotell
Grand
prenoćište
hostel
ROOMS
mjenjačnica
valuutavahetuspunkt
kofer
kohver
auto
auto

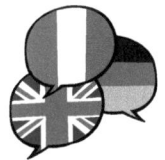

jezik

keel

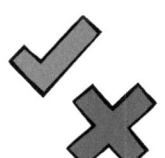

da / ne

jah / ei

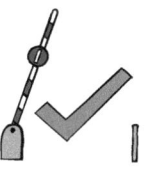

okay

okei

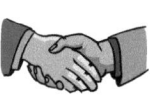

zdravo

Tere!

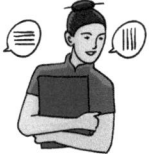

prevoditelj

tõlk

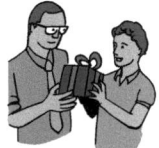

hvala

Aitäh!

Koliko košta...?

Kui palju maksab ...?

ne razumijem

Ma ei saa aru

problem

probleem

dobro veče!

Tere õhtust!

Dobro jutro!

Tere hommikust!

Laku noć!

Head ööd!

doviđenja

Head aega!

smjer

suund

prtljaga

pagas

torba

kott

ruksak

seljakott

gost

külaline

soba

tuba

vreća za spavanje

magamiskott

šator

telk

turističke informacije

turismiinfo

plaža

rand

kreditna kartica

krediitkaart

doručak

hommikusöök

ručak

lõunasöök

večera

õhtusöök

karta za vožnju

pilet

dizalo

lift

poštanska markica

postmark

granica

riigipiir

carina

toll

ambasada

saatkond

viza

viisa

putovnica

pass

transport

transport

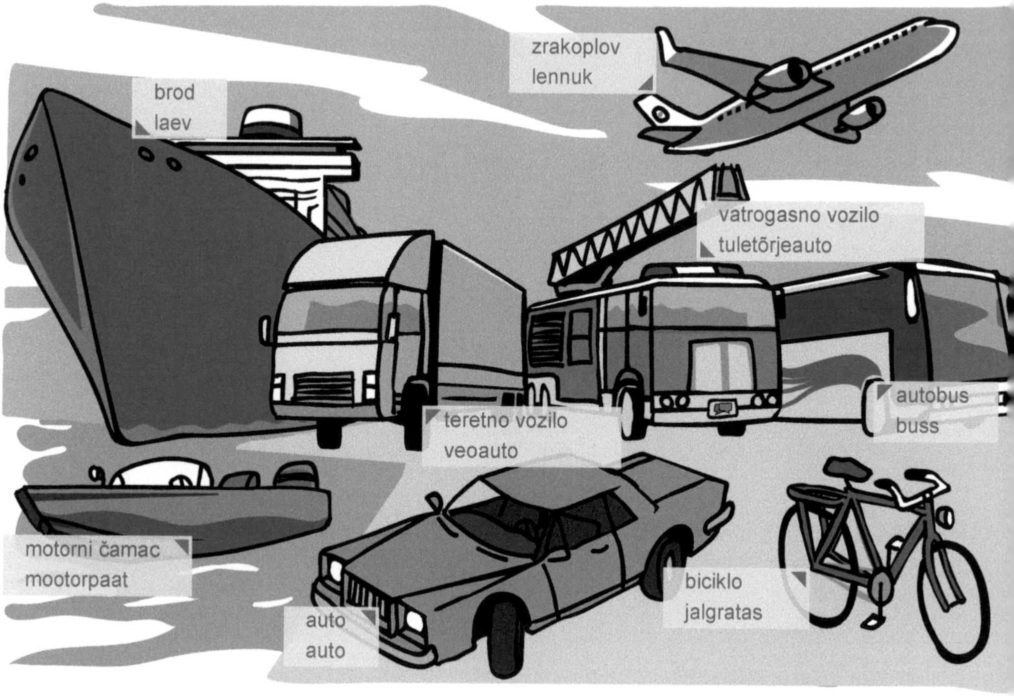
zrakoplov
lennuk
brod
laev
vatrogasno vozilo
tuletõrjeauto
autobus
buss
teretno vozilo
veoauto
motorni čamac
mootorpaat
biciklo
jalgratas
auto
auto

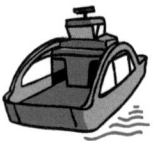

trajekt

praam

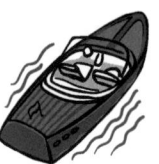

čamac

paat

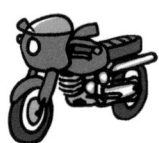

motocikl

mootorratas

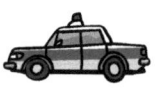

policijski auto

politseiauto

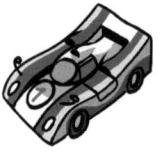

trkaći auto

võidusõiduauto

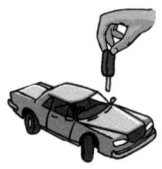

iznajmljeno auto

rendiauto

dijeljenje automobila

ühisauto

vučno vozilo

puksiirauto

vozilo za odvoz smeća

prügiauto

motor

mootor

benzin

kütus

benzinska postaja

tankla

prometni znak

liiklusmärk

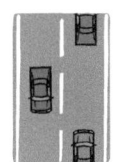

promet

liiklus

zastoj

liiklusummik

parkiralište

parkla

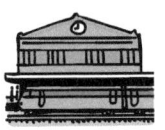

kolodvor

raudteejaam

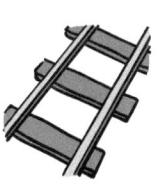

šine

rööpad

vlak

rong

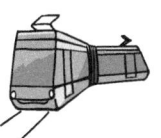

tramvaj

tramm

vagon

vagun

helikopter

helikopter

zrakoplovna luka

lennujaam

toranj

torn

putnik

reisija

kontejner

konteiner

karton

pappkast

kolica

käru

košara

korv

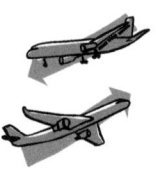

uzletjeti / sletjeti

õhku tõusma / maanduma

grad
linn

selo

küla

centar grada

kesklinn

kuća

maja

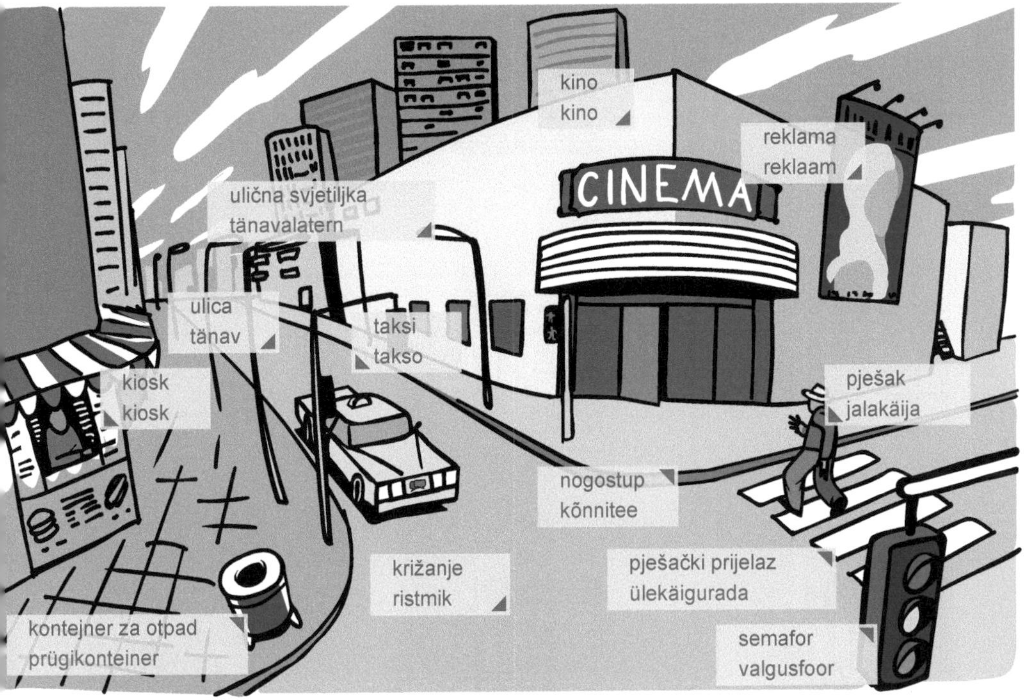

kino
kino

reklama
reklaam

ulična svjetiljka
tänavalatern

CINEMA

ulica
tänav

taksi
takso

pješak
jalakäija

kiosk
kiosk

nogostup
kõnnitee

križanje
ristmik

pješački prijelaz
ülekäigurada

kontejner za otpad
prügikonteiner

semafor
valgusfoor

koliba
osmik

stan
kortermaja

kolodvor
raudteejaam

vijećnica
raekoda

muzej
muuseum

škola
kool

sveučilište

ülikool

banka

pank

bolnica

haigla

hotel

hotell

ljekarna

apteek

ured

kontor

knjižara

raamatupood

prodavaonica

kauplus

cvjećara

lillepood

supermarket

supermarket

trg

turg

robna kuća

kaubamaja

ribarnica

kalapood

trgovački centar

kaubanduskeskus

luka

sadam

park

park

klupa

pink

most

sild

stepenice

trepp

podzemna željeznica

metroo

tunel

tunnel

autobusna stanica

bussipeatus

bar

baar

restoran

restoran

poštansko sanduče

postkast

ulični znak

tänavasilt

parkirni sat

parkimisautomaat

zoološki vrt

loomaaed

bazen

ujula

džamija

mošee

seosko gazdinstvo
talu

zagađenje okoliša
reostus

groblje
surnuaed

crkva
kirik

igralište
mänguväljak

hram
tempel

krajolik

maastik

list
leht

putokaz
teeviit

put
tee

livada
aas

kamen
kivi

drvo
puu

šetač
matkaja

rijeka
jõgi

trava
rohi

cvijet
lill

dolina
....
org

planina
....
mägi

jezero
....
järv

šuma
....
mets

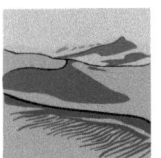

pustinja
....
kõrb

vulkan
....
vulkaan

dvorac
....
linnus

duga
....
vikerkaar

gljiva
....
seen

palma
....
palm

moskito
....
sääsk

muha
....
kärbes

mrav
....
sipelgas

pčela
....
mesilane

pauk
....
ämblik

buba

mardikas

žaba

konn

vjeverica

orav

jež

siil

zec

jänes

sova

öökull

ptica

lind

labud

luik

divlja svinja

metssiga

jelen

hirv

los

põder

nasip

pais

vjetrenjača

tuuleturbiin

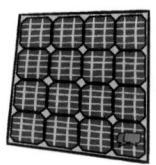

solarna ploča

päikesepaneel

klima

kliima

restoran

restoran

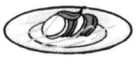

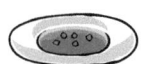

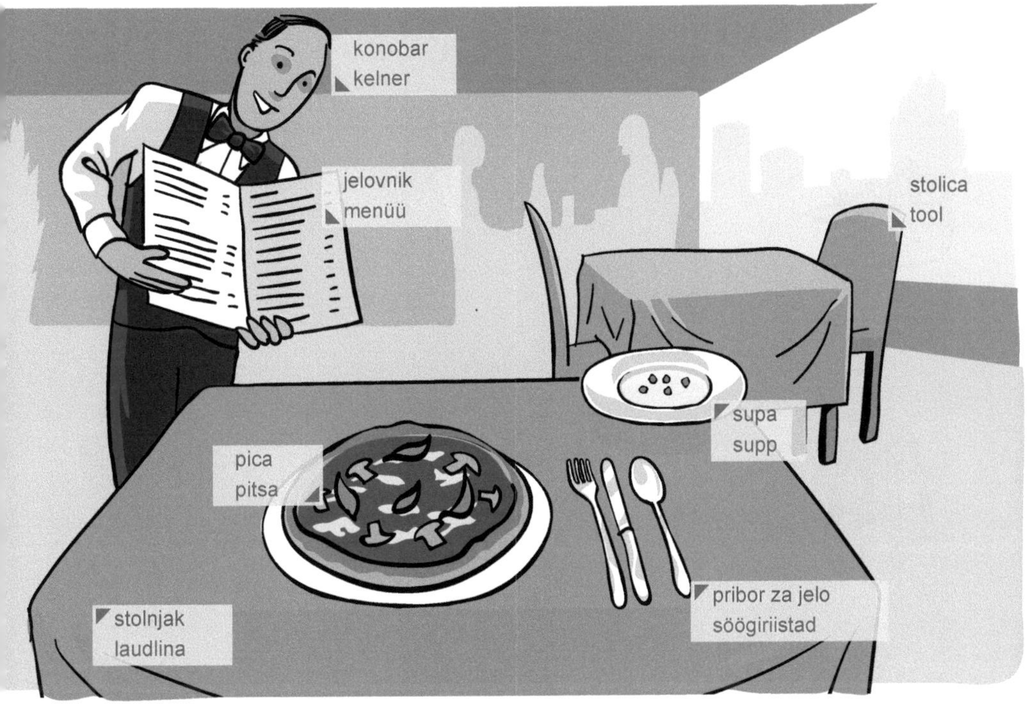
konobar
kelner
jelovnik
menüü
stolica
tool
supa
supp
pica
pitsa
pribor za jelo
söögiriistad
stolnjak
laudlina

predjelo

eelroog

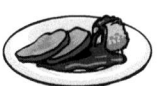

glavno jelo

pearoog

desert

magustoit

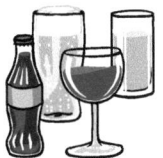

napitci

joogid

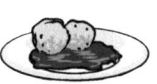

jelo

toit

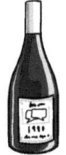

boca

pudel

fastfood
kiirtoit

imbis hrana
tänavatoit

čajnik
teekann

doza za šećer
suhkrutoos

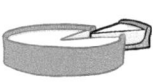

porcija
portsjon

aparat za espresso
espressomasin

visoka stolica
lastetool

račun
arve

pladanj
kandik

nož
nuga

vilica
kahvel

žlica
lusikas

čajna žlica
teelusikas

ubrus
salvrätik

čaša
klaas

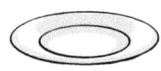

tanjur
taldrik

tanjur za supu
supitaldrik

tanjurić
alustass

sos
kaste

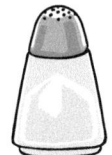

soljenka
soolatoos

mlin za biber
pipraveski

ocat
äädikas

ulje
õli

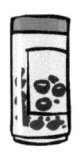

začini
vürtsid

kečap
ketšup

senf
sinep

majoneza
majonees

supermarket

supermarket

ponuda
eripakkumine
FOR
kupac
klient
mliječni proizvodi
piimatooted
voće
puuviljad
kolica za kupnju
ostukäru

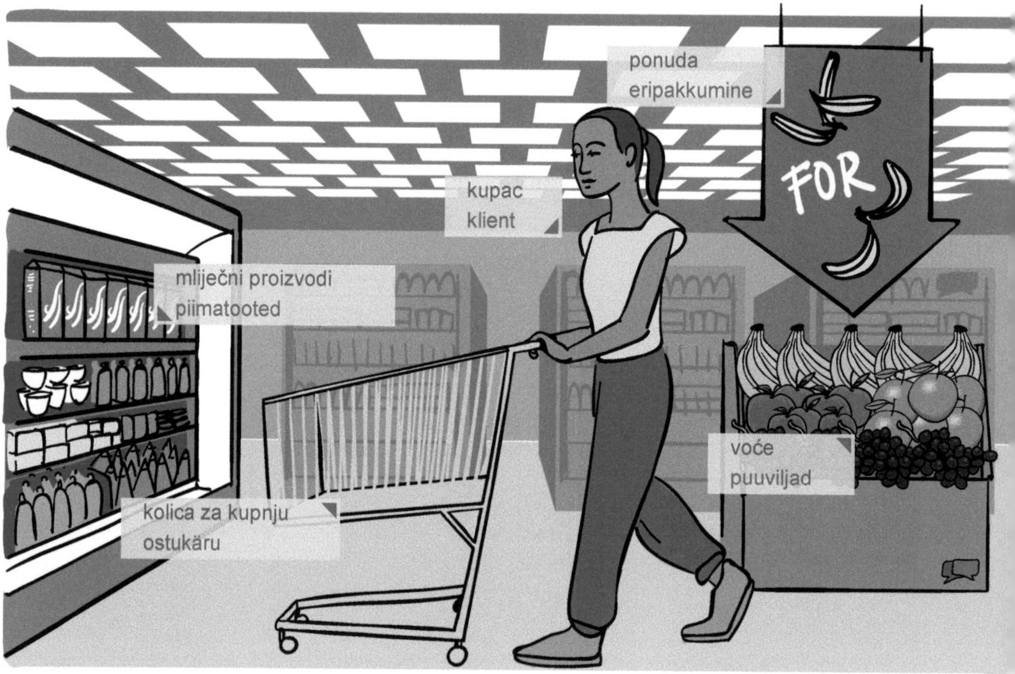

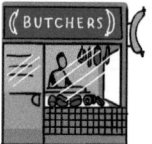

BUTCHERS

mesnica
lihapood

BAKERY

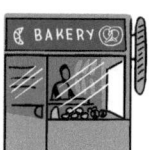

pekarnica
pagariäri

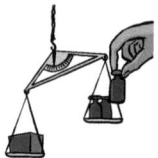

vagati
kaaluma

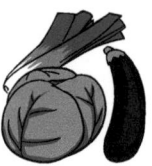

povrće
köögiviljad

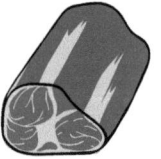

meso
liha

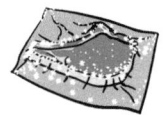

duboko smrznuta hrana
külmutatud toit

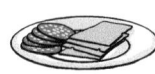

narezak

lihalõigud

konzerve

konservid

sredstvo za pranje

pesupulber

slatkiši

maiustused

artikli za domaćinstvo

majatarbed

sredstva za čišćenje

puhastustooted

prodavačica

müüja

blagajna

kassaaparaat

blagajnik

kassapidaja

lista za kupnju

ostunimekiri

vrijeme rada

lahtiolekuajad

novčanik

rahakott

kreditna kartica

krediitkaart

torba

kott

plastična vrećica

kilekott

voda

vesi

sok

mahl

mlijeko

piim

cola

koola

vino

vein

pivo

õlu

alkohol

alkohol

kakao

kakao

čaj

tee

kava

kohv

espresso

espresso

cappuccino

cappuccino

banana

banaan

jabuka

õun

naranča

apelsin

lubenica

arbuus

limun

sidrun

mrkva

porgand

češnjak

küüslauk

bambus

bambus

luk

sibul

gljiva

seen

orašasti plodovi

pähklid

rezanci

nuudlid

špagete

spagetid

riža

riis

salata

salat

pomfrit

friikartulid

pečeni krumpir

praekartulid

pica

pitsa

hamburger

hamburger

sendvič

võileib

šnicla

šnitsel

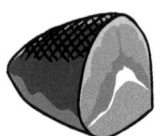

pršut

sink

salama

salaami

kobasica

vorst

kokoš

kana

pečenje

praeliha

riba

kala

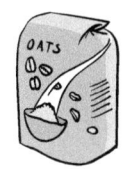

zobene pahuljice
kaerahelbed

musli
müsli

kukuruzne pahuljice
maisihelbed

brašno
jahu

roščić
sarvesai

pecivo
kukkel

kruh
leib

toast
röstsai

keksi
küpsised

maslac
või

svježi sir
kohupiim

kolač
kook

jaje
muna

jaje na oko
praemuna

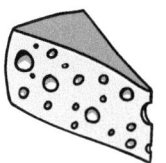

sir
juust

sladoled
jäätis

šećer
suhkur

med
mesi

marmelada
moos

nugat krema
pähklivõie

curry
karri

seosko gazdinstvo
talu

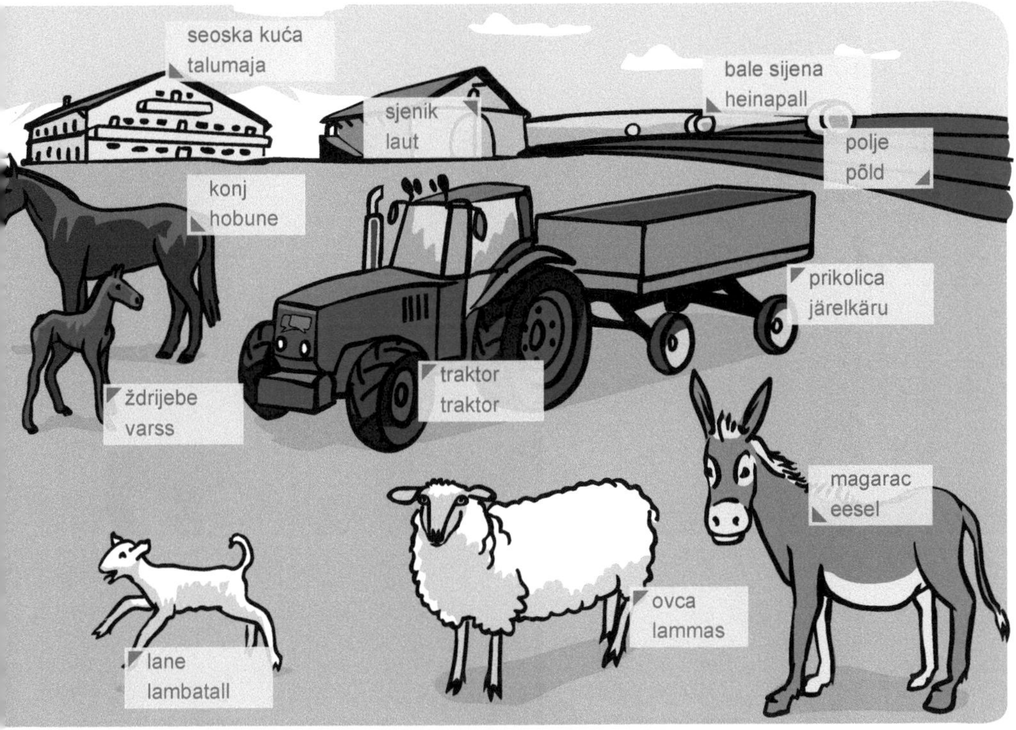

seoska kuća
talumaja
sjenik
laut
bale sijena
heinapall
polje
põld
konj
hobune
prikolica
järelkäru
traktor
traktor
ždrijebe
varss
magarac
eesel
ovca
lammas
lane
lambatall

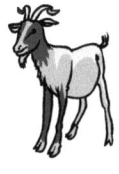

koza
kits

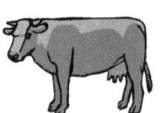

krava
lehm

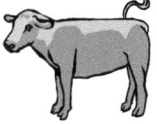

tele
vasikas

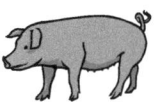

svinja
siga

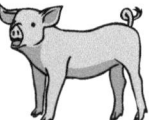

prase
põrsas

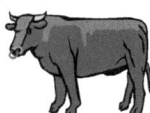

bik
pull

guska
hani

patka
part

pilići
tibu

kokoš
kana

pijetao
kukk

pacov
rott

mačka
kass

miš
hiir

vol
härg

pas
koer

kućica za psa
koerakuut

vrtno crijevo
aiavoolik

kanta za polijevanje
kastekann

kosa
vikat

plug
ader

srp
....
sirp

motika
....
kõblas

vilica za gnojivo
....
hang

sjekira
....
kirves

tačke
....
käru

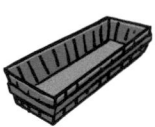

korito
....
küna

posuda za mlijeko
....
piimanõu

vreća
....
kott

ograda
....
tara

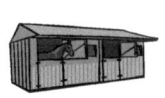

štala
....
tall

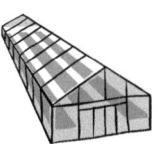

staklenik
....
kasvuhoone

zemlja
....
muld

sjeme
....
seeme

gnojivo
....
väetis

kombajn
....
kombain

žanjati

saaki koristama

žetva

saagikoristus

yams začin

jamss

pšenica

nisu

soja

soja

krumpir

kartul

kukuruz

mais

uljana repica

raps

voćka

viljapuu

gomolj manioke

maniokk

žitarice

teravili

kuća
maja

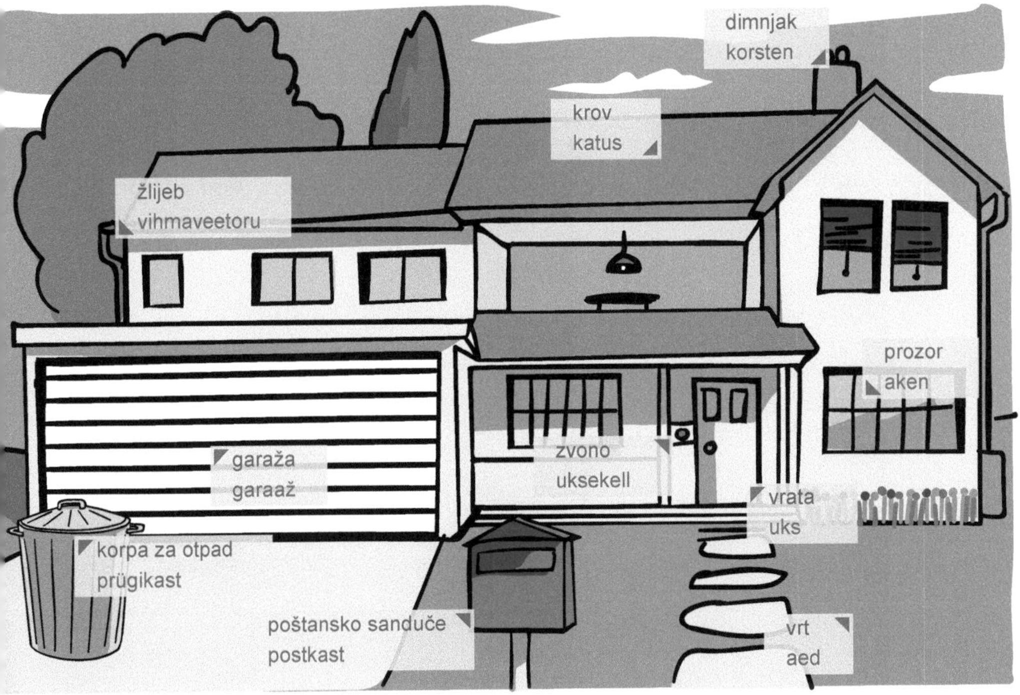
dimnjak
korsten
krov
katus
žlijeb
vihmaveetoru
prozor
aken
zvono
uksekell
garaža
garaaž
vrata
uks
korpa za otpad
prügikast
poštansko sanduče
postkast
vrt
aed

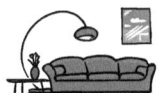

dnevna soba

elutuba

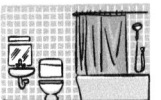

kupaonica

vannituba

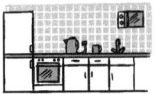

kuhinja

köök

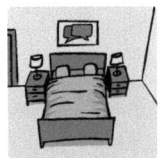

spavaća soba

magamistuba

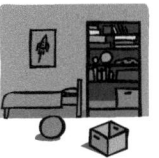

dječija soba

lastetuba

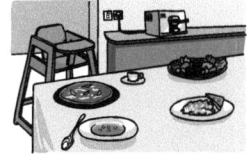

trpezarija

söögituba

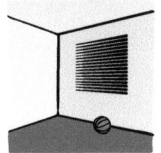

pod
põrand

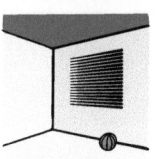

zid
sein

strop
lagi

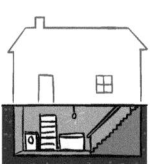

podrum
kelder

sauna
saun

balkon
rõdu

terasa
terrass

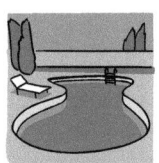

bazen
bassein

kosilica za travu
muruniiduk

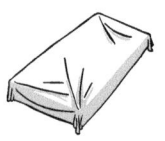

posteljina za krevet
voodilina

deka za krevet
päevatekk

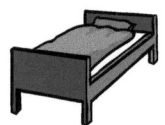

krevet
voodi

metla
luud

kanta
ämber

sklopka
lüliti

dnevna soba
elutuba

tapeta
tapeet
slika
pilt
svjetiljka
lamp
regal
riiul
ormar
kapp
televizija
televiisor
kamin
kamin
cvijet
lill
jastuk
padi
kauč
diivan
vaza
vaas
daljinski upravljač
kaugjuhtimispult

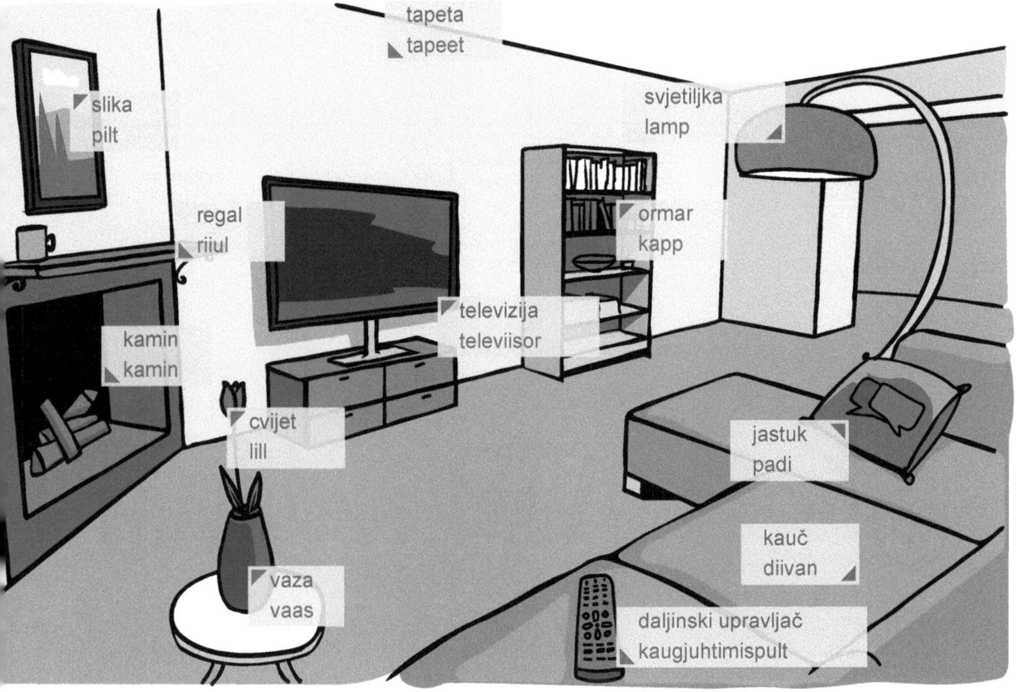

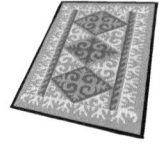

tepih
vaip

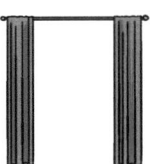

zavjesa
kardin

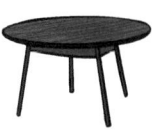

stol
laud

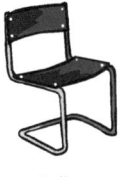

stolica
tool

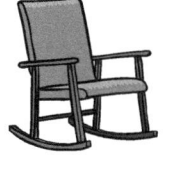

stolica za njihanje
kiiktool

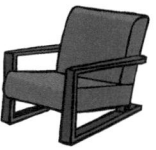

fotelja
tugitool

knjiga

raamat

deka

tekk

dekoracija

kaunistus

drvo za ogrjev

küttepuud

film

film

stereo uređaj

helisüsteem

ključ

võti

novine

ajaleht

slika na platnu

maal

poster

plakat

radio

raadio

blok za pisanje

märkmik

usisavač

tolmuimeja

kaktus

kaktus

svijeća

küünal

kuhinja
köök

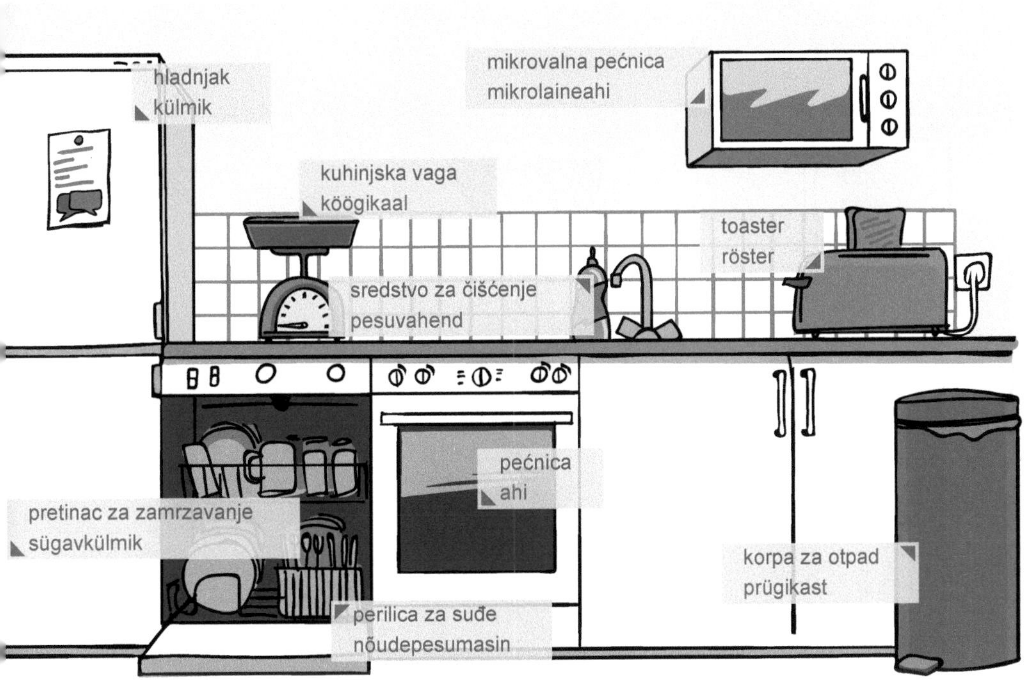

hladnjak
külmik
mikrovalna pećnica
mikrolaineahi
kuhinjska vaga
köögikaal
toaster
röster
sredstvo za čišćenje
pesuvahend
pećnica
ahi
pretinac za zamrzavanje
sügavkülmik
korpa za otpad
prügikast
perilica za suđe
nõudepesumasin

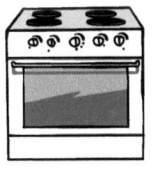

štednjak
....
pliit

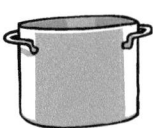

lonac
....
pott

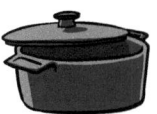

željezni lonac
....
malmpott

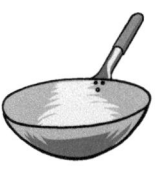

wok / kadai
....
vokkpann

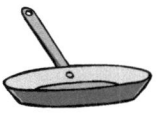

tava
....
pann

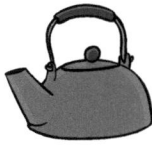

kuhalo za vodu
....
veekeetja

kuhalo na paru

aurutaja

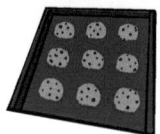

lim za pečenje

küpsetusplaat

posuđe

lauanõud

čaša

kruus

zdjela

kauss

štapići za jelo

söögipulgad

kutljača

kulp

lopatica

pannilabidas

pjenjača

vispel

sito za kuhanje

kurn

sito

sõel

ribež

riiv

mužar

uhmer

roštilj

grill

ognjište

lahtine tuli

daska

lõikelaud

oklagija

tainarull

vadičep

korgitser

konzerva

konservipurk

otvarač konzervi

konserviavaja

krpa za lonac

pajakinnas

sudoper

kraanikauss

četka

hari

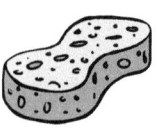

spužva

pesukäsn

mikser

kannmikser

zamrzivač

sügavkülmuti

bočica za bebe

lutipudel

slavina za vodu

segisti

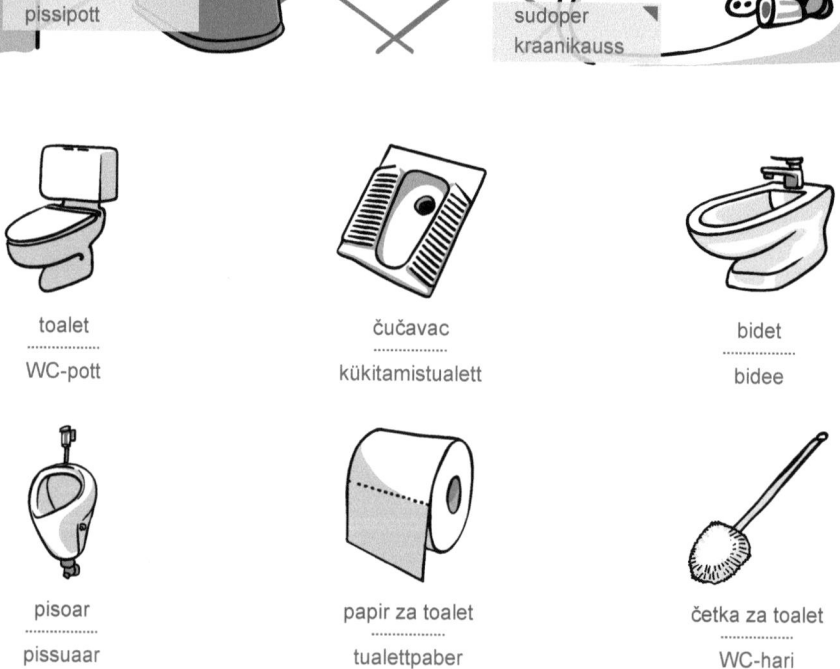

kupaonica
vannituba

grijanje
küte
tuš
dušš
ručnik
käterätik
zavjesa za tuš
dušikardin
pjenušava kupka
mullivann
kada
vann
čaša
klaas
perilica za rublje
pesumasin
slavina za vodu
segisti
pločice
plaadid
dječja kahlica
pissipott
sudoper
kraanikauss

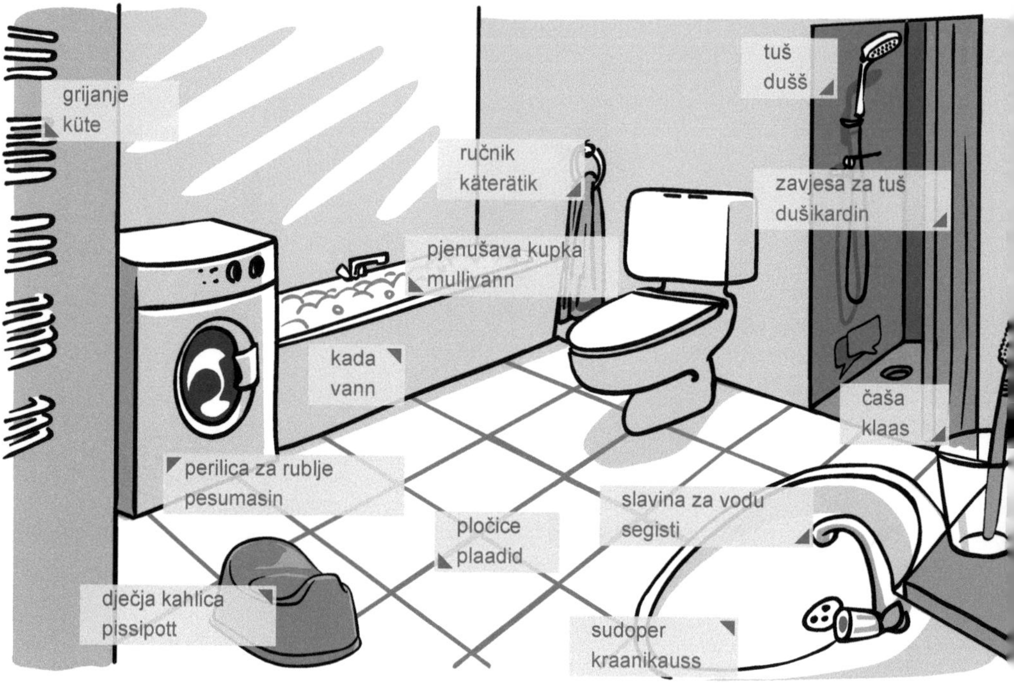

toalet

WC-pott

čučavac

kükitamistualett

bidet

bidee

pisoar

pissuaar

papir za toalet

tualettpaber

četka za toalet

WC-hari

četkica za zube

hambahari

pasta za zube

hambapasta

konac za zube

hambaniit

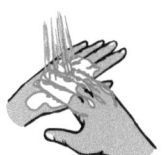

prati

pesema

tuš ručica

käsidušš

tuš za pranje intimnih dijelova

intiimdušš

lavor

pesukauss

četka za pranje leđa

seljahari

sapun

seep

gel za tuširanje

dušigeel

šampon

šampoon

krpa za pranje

vamm

odvod

äravool

krema

kreem

dezodorans

deodorant

ogledalo

peegel

kozmetičko ogledalo

käsipeegel

brijač

habemenuga

pjena za brijanje

raseerimisvaht

losion za poslije brijanja

habemevesi

češalj

kamm

četka

hari

sušilo za kosu

föön

sprej za kosu

juukselakk

makeup

meigikomplekt

ruž za usne

huulepulk

lak za nokte

küünelakk

vata

vatt

škare za nokte

küünekäärid

parfem

parfüüm

neseser
tualett-tarvete kott

stolica
taburet

vaga
kaal

ogrtač
hommikumantel

rukavice za čišćenje
kummikindad

tampon
tampoon

uložak
hügieeniside

kemijski toalet
keemiline tualett

dječija soba
lastetuba

budilnik
äratuskell
plišana igračka
pehme mänguasi
auto igračka
mänguauto
zvečka
kõristi
kućica za lutke
nukumaja
poklon
kingitus

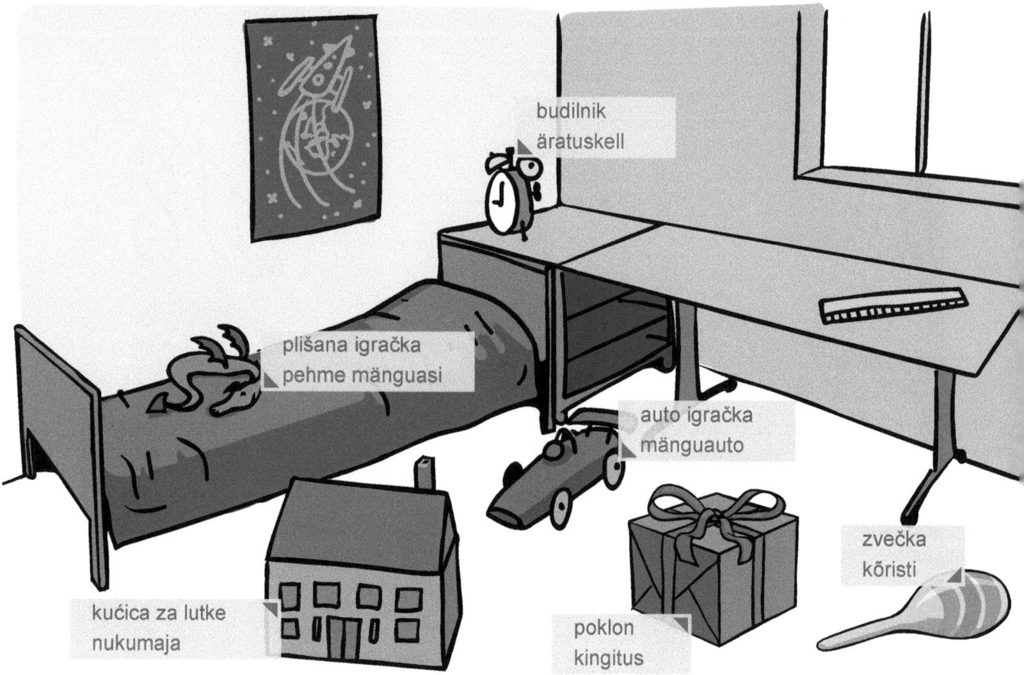

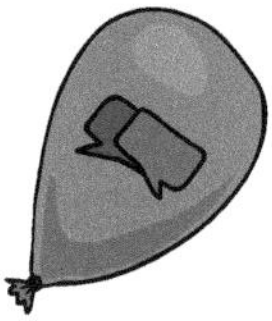

balon
õhupall

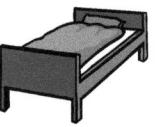

krevet
voodi

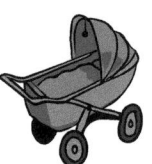

dječija kolica
lapsevanker

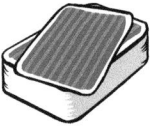

igra s kartama
kaardipakk

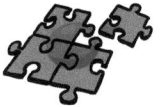

slagalica
pusle

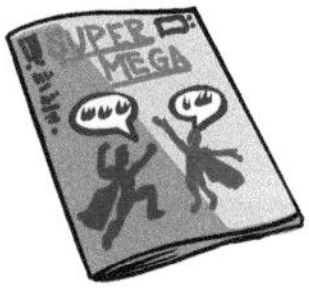

strip
koomiks

lego kockice
Lego klotsid

kockice za slaganje
klotsid

akcioni junak
kujuke

kombinezon za bebe
siputuspüksid

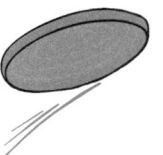

frizbi
lendav taldrik

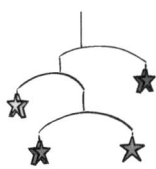

viseće igračke
voodikarussell

društvene igre
lauamäng

kocka
täringud

minijaturna željeznica
mudelrong

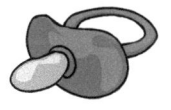

duda
lutt

tulum
pidu

slikovnica
pildiraamat

lopta
pall

lutka
nukk

igrati
mängima

pješčanik

liivakast

ljuljačka

kiik

igračka

mänguasjad

konzola za igre

mängukonsool

tricikl

kolmerattaline jalgratas

plišani medo

mängukaru

ormar

riidekapp

odjeća
riietus

kratke čarape

sokid

čarape

sukad

hulahopke

sukkpüksid

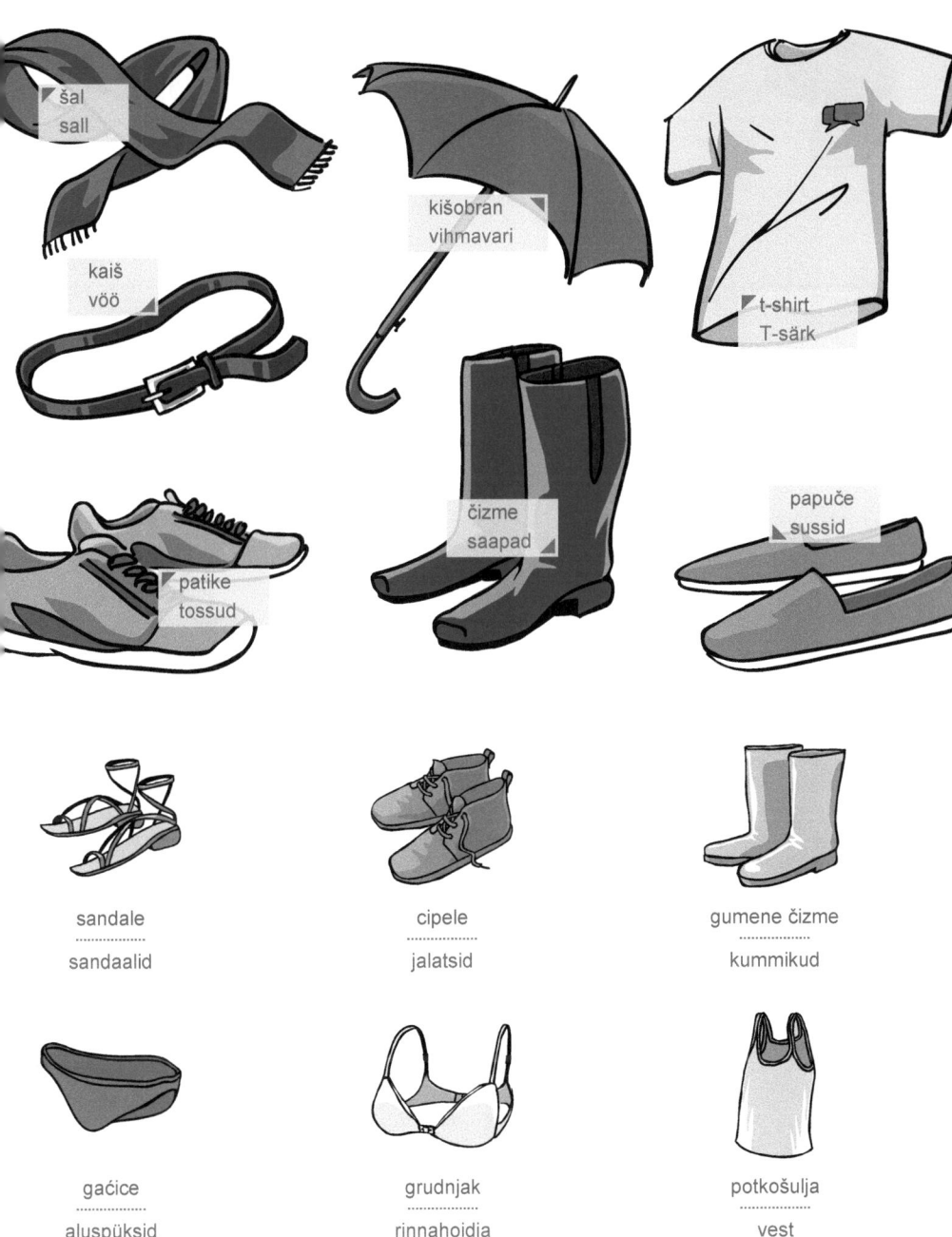

šal
sall

kišobran
vihmavari

kaiš
vöö

t-shirt
T-särk

patike
tossud

čizme
saapad

papuče
sussid

sandale	cipele	gumene čizme
sandaalid	jalatsid	kummikud
gaćice	grudnjak	potkošulja
aluspüksid	rinnahoidja	vest

odjeća - riietus 45

bodi
bodi

hlače
püksid

džins
teksapüksid

haljina
seelik

bluza
pluus

košulja
särk

džemper
sviiter

pulover s kapuljačom
dressipluus

blejzer
bleiser

jakna
jakk

kaput
mantel

kabanica
vihmamantel

kostim
kostüüm

haljina
kleit

vjenčanica
pulmakleit

odijelo

ülikond

spavaćica

öösärk

pidžama

pidžaama

sari

sari

rubac

pearätt

turban

turban

burka

burka

kaftan

kaftan

abaja

abayah

kupaći kostim

ujumistrikoo

kupaće gaćice

ujumispüksid

kratke hlače

lühikesed püksid

odjeća za trening

dressid

pregača

põll

rukavice

kindad

gumb

nööp

naočale

prillid

narukvica

käevõru

ogrlica

kaelakee

prsten

sõrmus

naušnica

kõrvarõngas

kapa

nokamüts

vješalica

riidepuu

šešir

kaabu

kravata

lips

patent zatvarač

tõmblukk

kaciga

kiiver

naramenice

traksid

školska uniforma

koolivorm

uniforma

vormirõivad

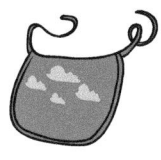

podbradak

pudipõll

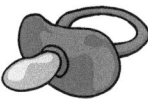

duda

lutt

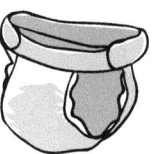

pelena

mähe

ured

kontor

server
server
ormar za spise
arhiivikapp
papir
paber
pisač
printer
monitor
monitor
miš
hiir
pisaći stol
kirjutuslaud
mapa
kaust
tipkovnica
klaviatuur
košara za papir
paberikorv
računar
arvuti
stolica
tool

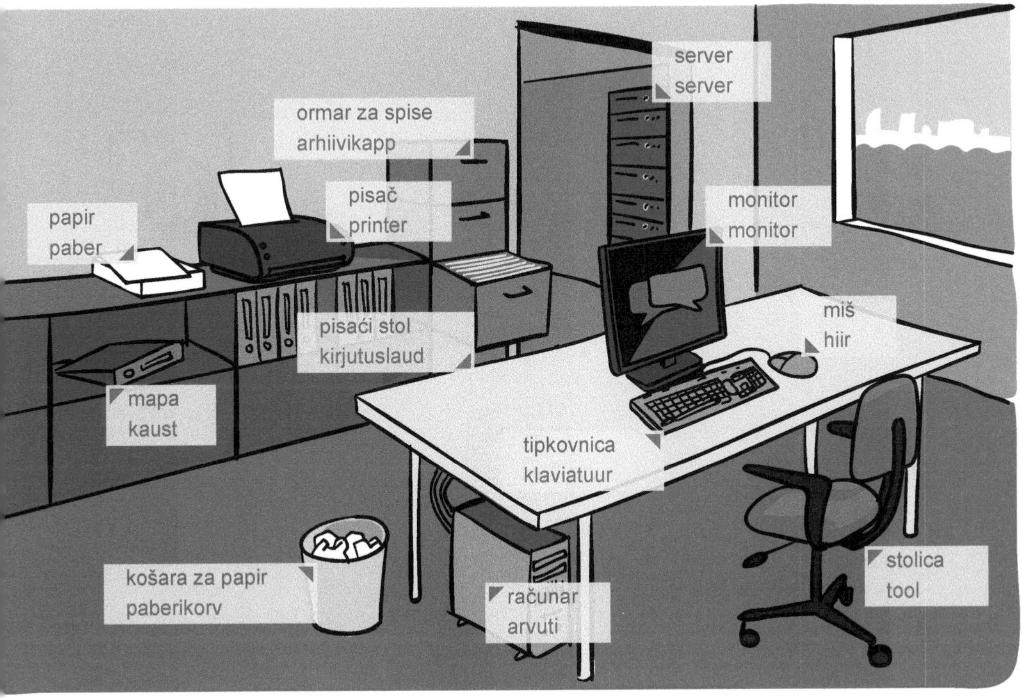

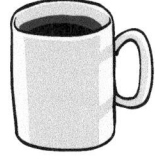

šalica za kavu

kohvikruus

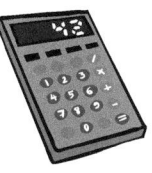

kalkulator

kalkulaator

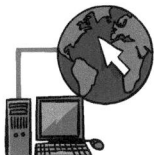

internet

internet

laptop

sülearvuti

pismo

kiri

poruka

sõnum

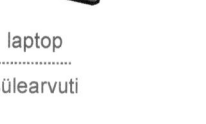

mobilni telefon

mobiiltelefon

mreža

võrk

uređaj za kopiranje

koopiamasin

softver

tarkvara

telefon

telefon

utičnica

pistikupesa

faks

faksimasin

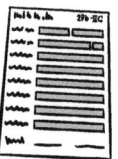

obrazac

vorm

dokument

dokument

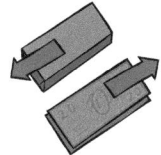

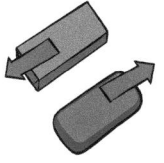

kupovati
ostma

platiti
maksma

trgovati
vahetama

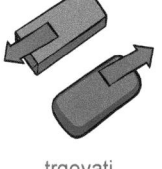

novac
raha

dolar
dollar

euro
euro

jen
jeen

rubalj
rubla

švicarski franak
Šveitsi frank

renmindbi yuan
renminbi jüaan

rupija
ruupia

automat za novac
sularahaautomaat

mjenjačnica

valuutavahetuspunkt

zlato

kuld

srebro

hõbe

nafta

nafta

energija

energia

cijena

hind

ugovor

leping

porez

maks

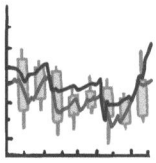

dionica

aktsia

raditi

töötama

službenik

töötaja

poslodavac

tööandja

tvornica

tehas

prodavaonica

kauplus

gospodarstvo - majandus

zanimanja
ametid

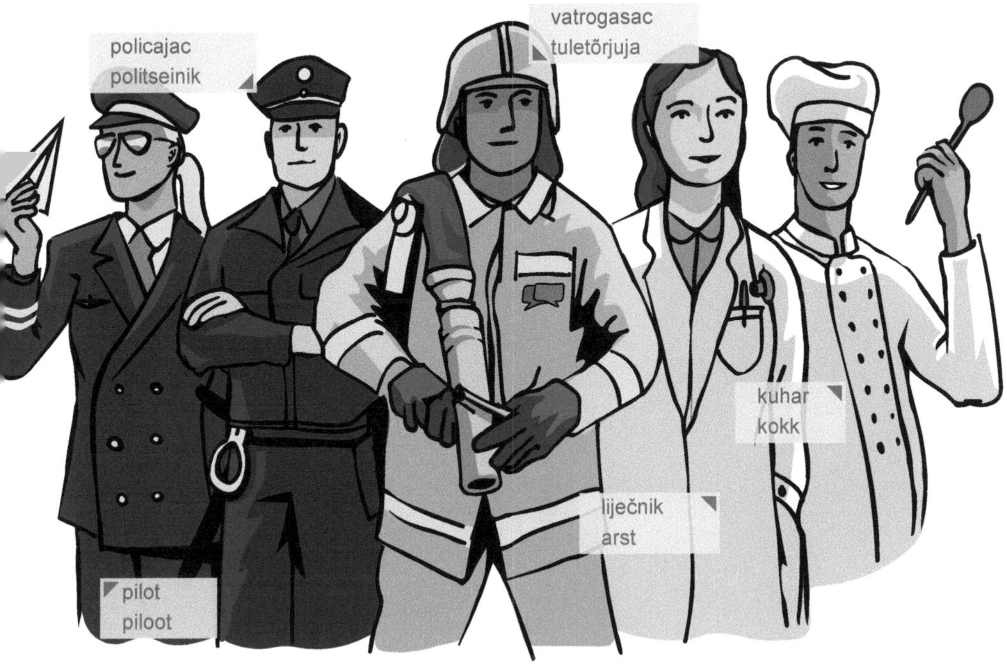
policajac
politseinik
vatrogasac
tuletõrjuja
kuhar
kokk
liječnik
arst
pilot
piloot

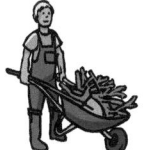

vrtlar

aednik

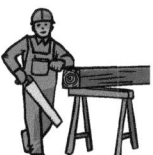

stolar

puusepp

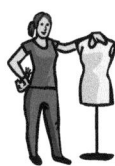

krojačica

õmbleja

sudija

kohtunik

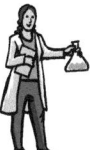

kemičar

keemik

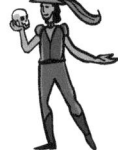

glumac

näitleja

vozač autobusa

bussijuht

vozač taksija

taksojuht

ribar

kalamees

čistačica

koristaja

krovopokrivač

katusepaigaldaja

konobar

kelner

lovac

jahimees

slikar

maaler

pekar

pagar

električar

elektrik

građevinski radnik

ehitaja

inženjer

insener

mesar

lihunik

limar

torumees

poštar

postiljon

vojnik

sõdur

arhitekta

arhitekt

blagajnik

kassapidaja

cvjećar

lillemüüja

frizer

juuksur

kondukter

piletikontrolör

mehaničar

mehaanik

kapetan

kapten

zubar

hambaarst

znanstvenik

teadlane

rabi

rabi

imam

imaam

monah

munk

svećenik

preester

alati
tööriistad

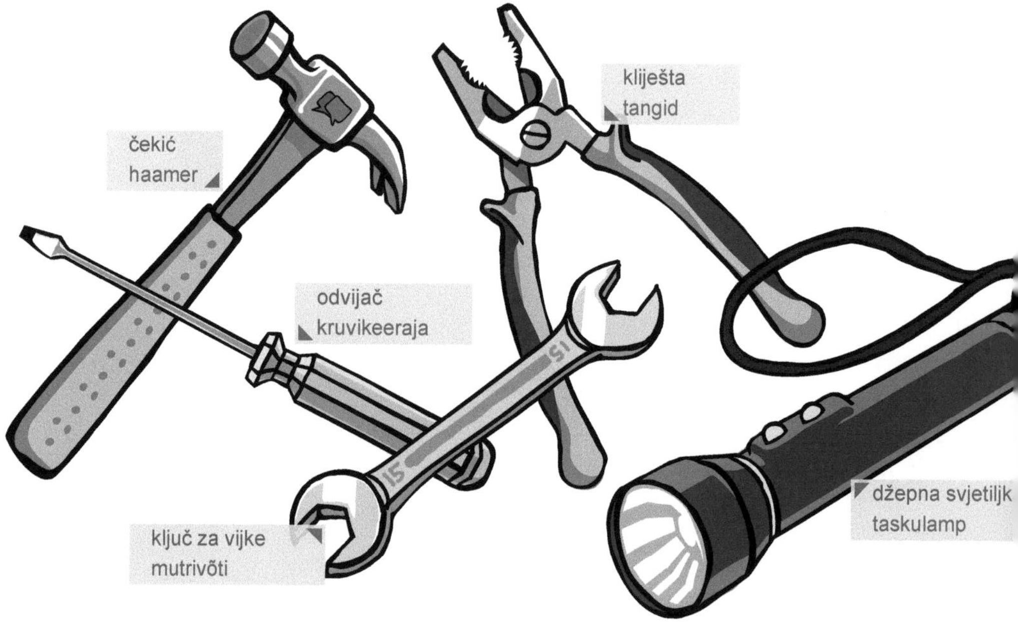
čekić
haamer
kliješta
tangid
odvijač
kruvikeeraja
ključ za vijke
mutrivõti
džepna svjetiljk
taskulamp

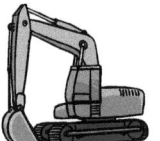

rovokopač

ekskavaator

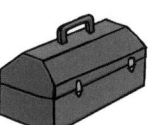

kutija za alat

tööriistakast

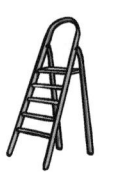

ljestve

redel

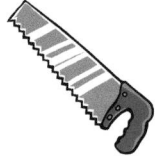

pila

saag

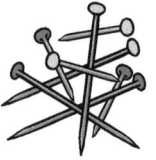

ekser

naelad

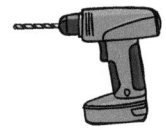

bušilica

trell

popraviti
parandama

lopata
labidas

Sranje!
Põrgusse!

lopatica
kühvel

lonac za boju
värvipott

vijci
kruvid

glazbeni instrument
pillid

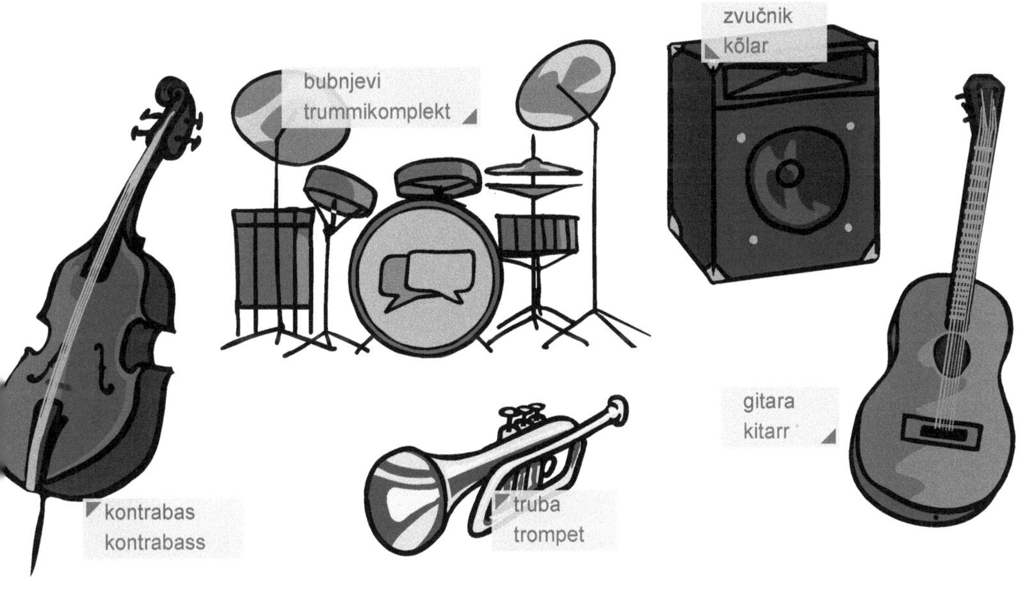

bubnjevi
trummikomplekt

zvučnik
kõlar

gitara
kitarr

kontrabas
kontrabass

truba
trompet

klavir

klaver

violina

viiul

bas

bass

timpani

timpan

udaraljke za bubnjeve

trummid

keyboard

süntesaator

saksofon

saksofon

flauta

flööt

mikrofon

mikrofon

zoološki vrt
loomaaed

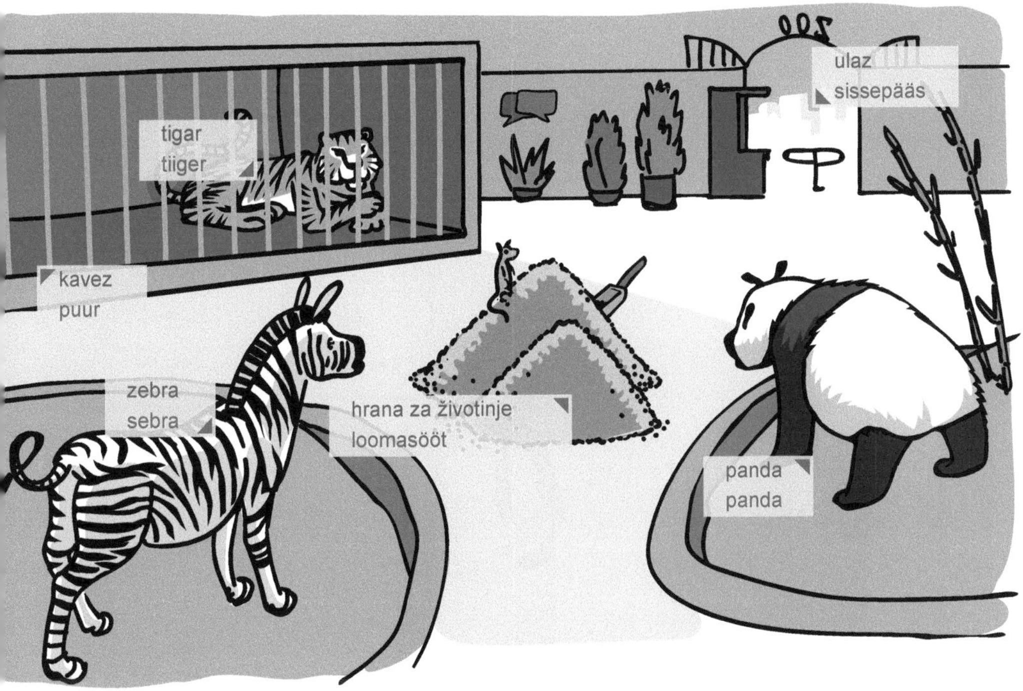

ulaz
sissepääs
tigar
tiiger
kavez
puur
zebra
sebra
hrana za životinje
loomasööt
panda
panda

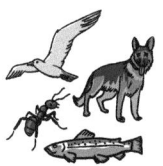

životinje

loomad

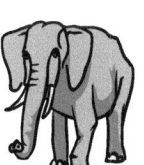

slon

elevant

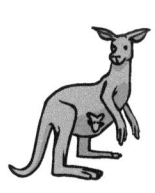

kengur

känguru

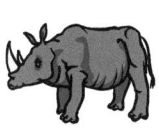

nosorog

ninasarvik

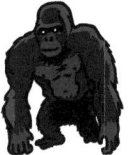

gorila

gorilla

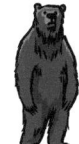

medvjed

karu

kamila

kaamel

noj

jaanalind

lav

lõvi

majmun

ahv

flamingo

flamingo

papagaj

papagoi

polarni medvjed

jääkaru

pingvin

pingviin

ajkula

hai

paun

paabulind

zmija

madu

krokodil

krokodill

čuvar u zoološkom vrtu

loomaaiatalitaja

tuljan

hüljes

jaguar

jaaguar

poni
poni

leopard
leopard

nilski konj
jõehobu

žirafa
kaelkirjak

orao
kotkas

divlja svinja
metssiga

riba
kala

kornjača
kilpkonn

morž
morsk

lisica
rebane

gazela
gasell

američki nogomet
Ameerika jalgpall

biciklizam
jalgrattasõit

tenis
tennis

košarka
korvpall

plivanje
ujumine

boks
poksimine

hockey na ledu
jäähoki

nogomet	badminton	atletika
jalgpall	sulgpall	kergejõustik

rukomet	skijanje	polo
käsipall	suusatamine	polo

aktivnosti
tegevused

smijati se
naerma
skočiti
hüppama
zagrliti
kallistama
ići
jalutama
pjevati
laulma
sanjati
unistama
moliti se
palvetama
poljubiti
suudlema

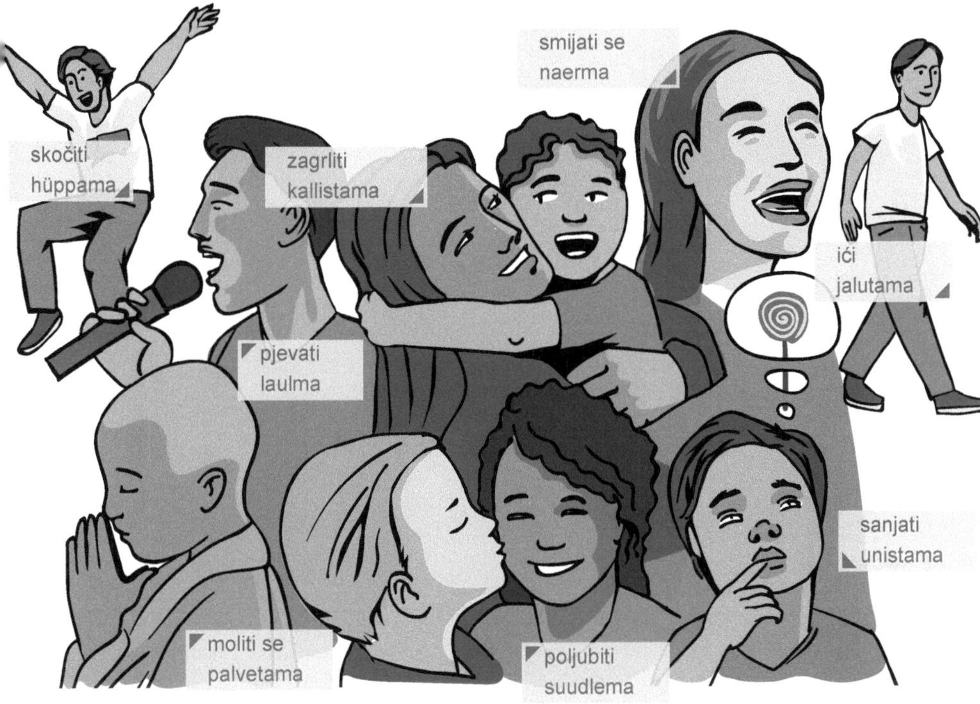

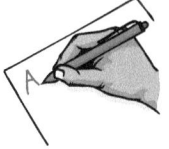

pisati

kirjutama

crtati

joonistama

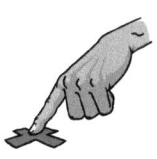

pokazati

näitama

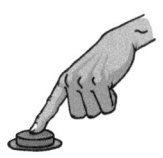

gurati

lükkama

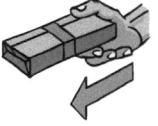

dati

andma

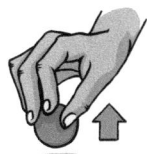

uzeti

võtma

imati

omama

činiti

tegema

biti

olema

stojati

seisma

trčati

jooksma

povlačiti

tõmbama

baciti

viskama

padati

kukkuma

ležati

lamama

čekati

ootama

nositi

kandma

sjediti

istuma

oblačiti

riidesse panema

spavati

magama

probuditi se

ärkama

gledati
vaatama

plakati
nutma

milovati
paitama

češljati
kammima

govoriti
rääkima

razumjeti
aru saama

pitati
küsima

slušati
kuulama

piti
jooma

jesti
sööma

pospremiti
korrastama

voljeti
armastama

kuhati
süüa tegema

voziti
sõitma

letjeti
lendama

ploviti
purjetama

računati
arvutama

čitati
lugema

učiti
õppima

raditi
töötama

vjenčati se
abielluma

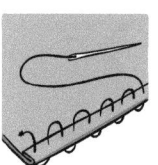

šiti
õmblema

prati zube
hambaid pesema

ubiti
tapma

pušiti
suitsetama

poslati
saatma

obitelj
perekond

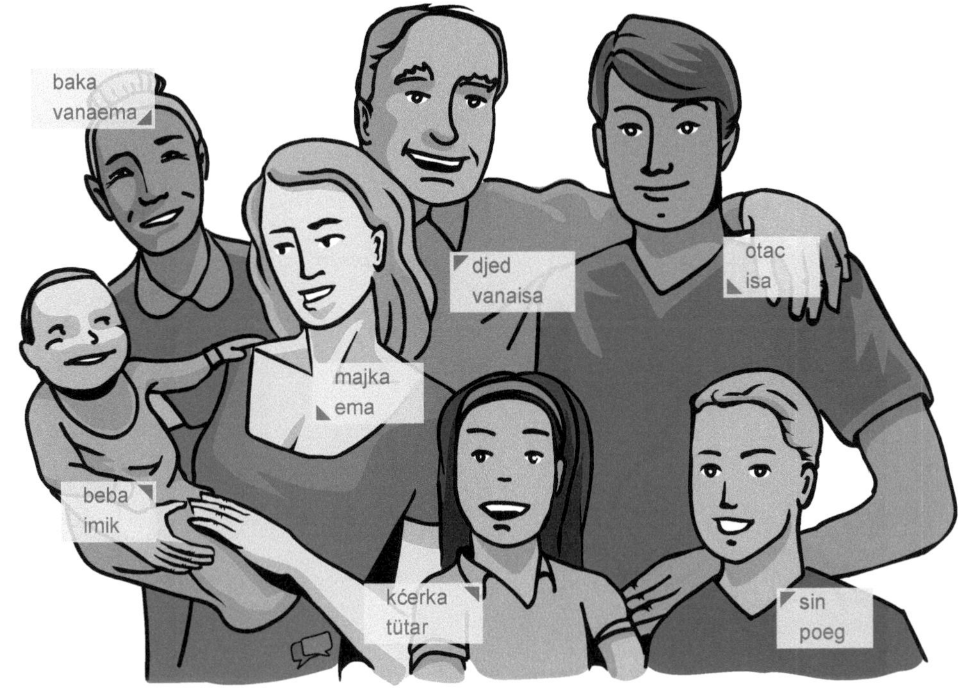
baka
vanaema
djed
vanaisa
otac
isa
majka
ema
beba
imik
kćerka
tütar
sin
poeg

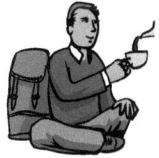

gost

külaline

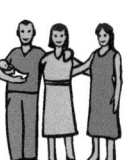

tetka

tädi

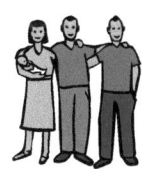

ujak, stric

onu

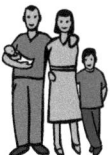

brat

vend

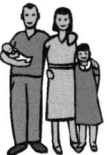

sestra

õde

tijelo
keha

čelo
otsmik
oko
silm
rame
õlg
prst
sõrm
lice
nägu
brada
lõug
ruka
käsi
noga
jalg
grudi
rind
ruka
käsivars

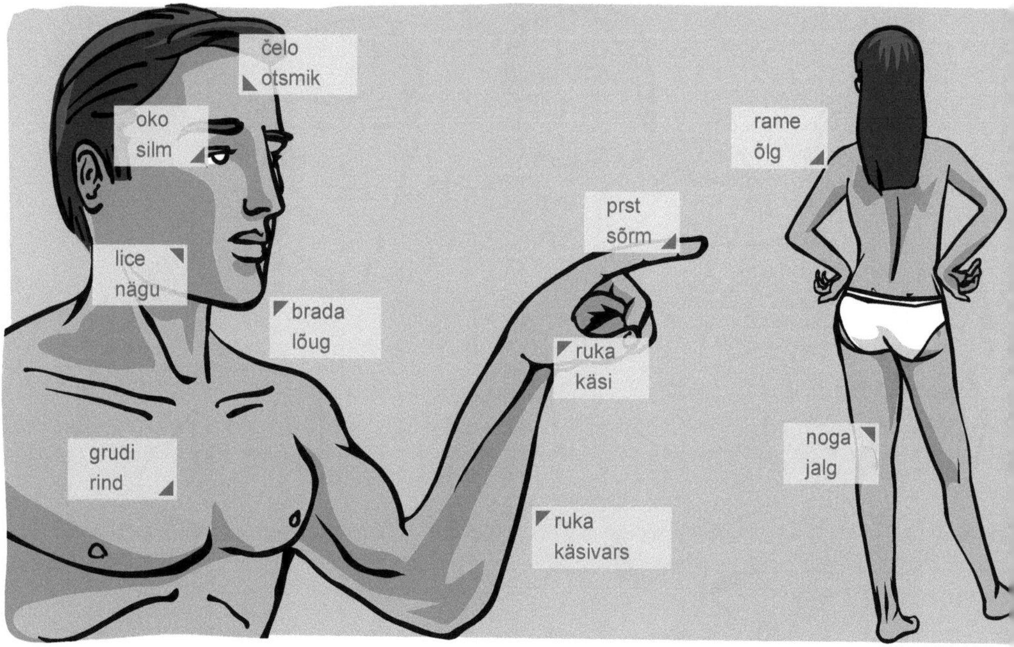

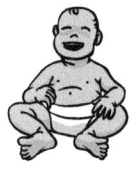

beba
imik

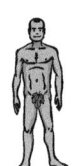

muškarac
mees

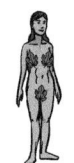

žena
naine

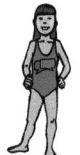

djevojčica
tüdruk

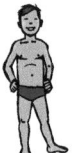

dječak
poiss

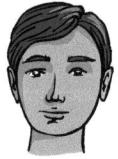

glava
pea

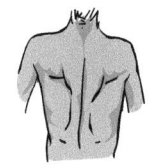

leđa
selg

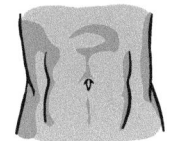

trbuh
kõht

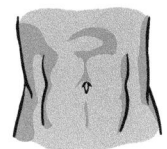

pupak
naba

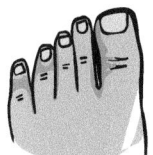

nožni prst
varvas

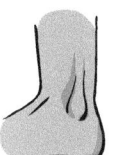

peta
kand

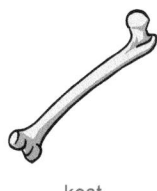

kost
luu

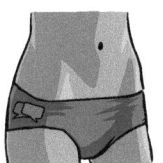

kuk
puus

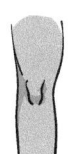

koljeno
põlv

lakat
küünarnukk

nos
nina

stražnjica
tagumik

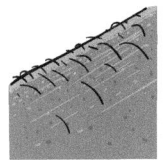

koža
nahk

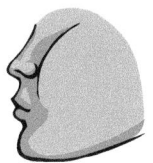

obraz
põsk

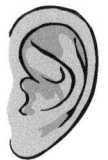

uho
kõrv

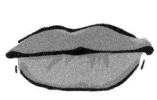

usna
huuled

usta

suu

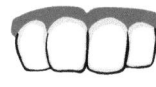

zub

hammas

jezik

keel

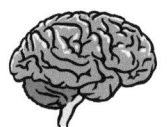

mozak

aju

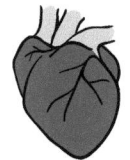

srce

süda

mišić

lihas

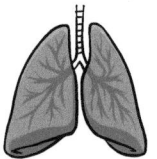

pluća

kops

jetra

maks

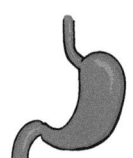

želudac

magu

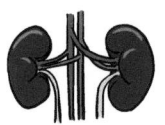

bubrezi

neerud

snošaj

seksuaalvahekord

kondom

kondoom

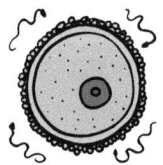

jajna stanica

munarakk

sperma

sperma

trudnoća

rasedus

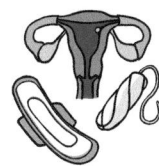

menstruacija

menstruatsioon

vagina

vagiina

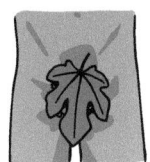

penis

peenis

obrva

kulm

kosa

juuksed

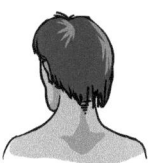

vrat

kael

bolnica
haigla

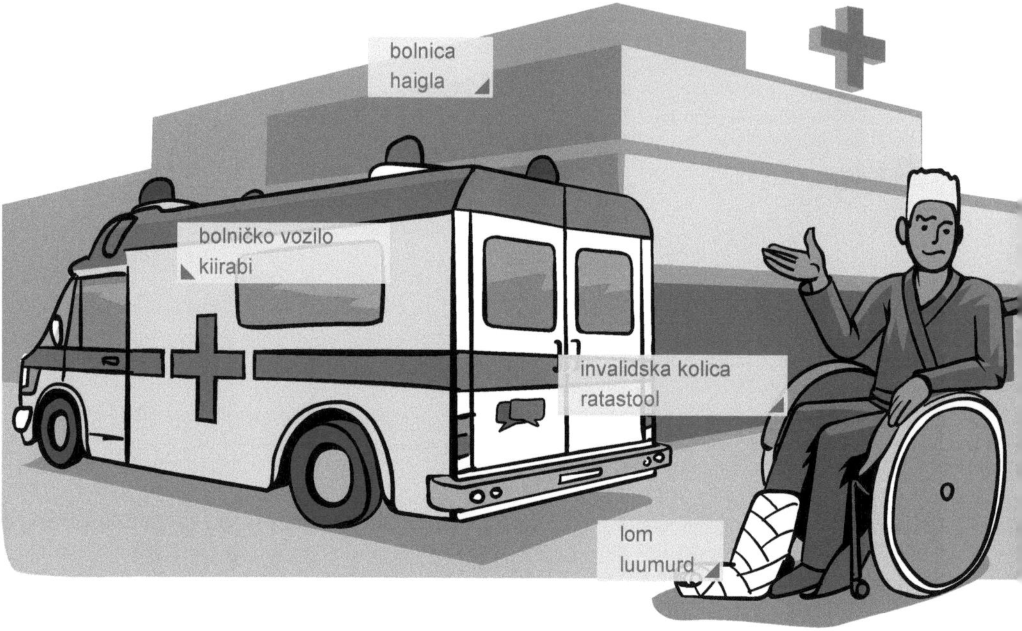

bolnica
haigla
bolničko vozilo
kiirabi
invalidska kolica
ratastool
lom
luumurd

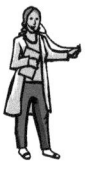

liječnik

arst

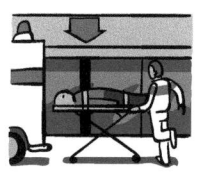

hitna medicinska služba

traumapunkt

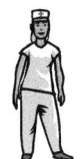

medicinska sestra

meditsiiniõde

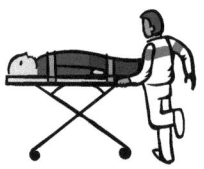

hitni slučaj

hädaolukord

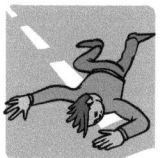

nesvijest

teadvuseta

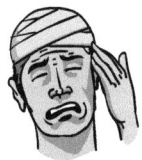

bol

valu

ozljeda

vigastus

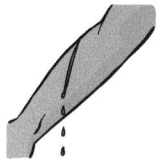

krvarenje

verejooks

srćani infarkt

südamerabandus

moždani udar

insult

alergija

allergia

kašalj

köha

groznica

palavik

gripa

gripp

proljev

köhulahtisus

glavobolja

peavalu

rak

vähk

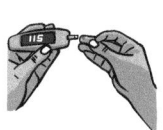

dijabetes

diabeet

kirurg

kirurg

skalpel

skalpell

operacija

operatsioon

ct
KT

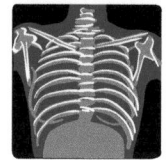

rentgen
röntgen

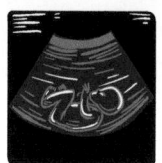

ultrazvuk
ultraheli

maska
mask

bolest
haigus

čekaonica
ooteruum

štaka
kark

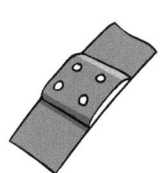

flaster
kips

zavoj
side

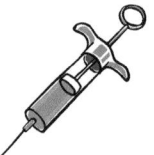

injekcija
süst

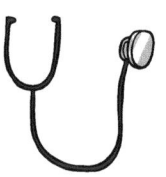

stetoskop
stetoskoop

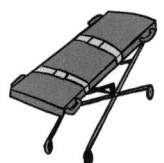

nosilo
kanderaam

termometar
kraadiklaas

rođenje
sünd

prekomjerna težina
ülekaaluline

slušni aparat

kuuldeaparaat

sredstvo za dezinfekciju

desinfektsioonivahend

infekcija

põletik

virus

viirus

hiv / sida

HIV / AIDS

medicina

meditsiin

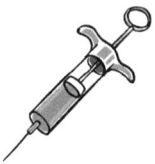

vakcinacija

vaktsineerimine

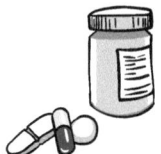

tablete

tabletid

pilula

pill

poziv u pomoć

hädaabikõne

uređaj za mjerenje tlaka

vererõhuaparaat

bolesno / zdravo

haige / terve

pomoć!

Appi!

alarm

häire

nasrtaj

kallaletung

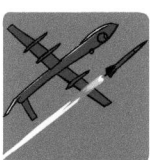

napad

rünnak

opasnost

oht

izlaz za nuždu

avariiväljapääs

požar!

Tulekahju!

vatrogasni aparat

tulekustuti

nezgoda

õnnetus

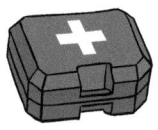

kofer prve pomoći

esmaabikomplekt

sos

SOS

policija

politsei

Europa

Euroopa

sjeverna amerika

Põhja-Ameerika

južna amerika

Lõuna-Ameerika

Afrika

Aafrika

Azija

Aasia

Australija

Austraalia

Atlantik

Atlandi ookean

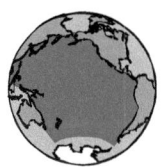

Pacifik

Vaikne ookean

ocean

India ookean

antarktički ocean

Lõuna-Jäämeri

arktički ocean

Põhja-Jäämeri

sjeverni pol

põhjapoolus

južni pol
lõunapoolus

Antarktik
Antarktika

zemlja
Maa

zemlja
maismaa

more
meri

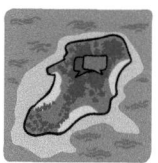

otok
saar

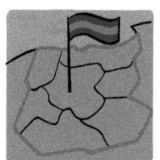

nacija
rahvus

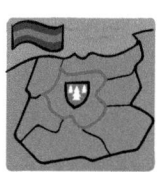

država
riik

zemlja - Maa

brojčanik sata

sihverplaat

satna kazaljka

tunniosuti

minutna kazaljka

minutiosuti

sekundna kazaljka

sekundiosuti

Koliko je sati?

Mis kell on?

dan

päev

vrijeme

aeg

sada

praegu

digitalni sat

digitaalne kell

minuta

minut

sat

tund

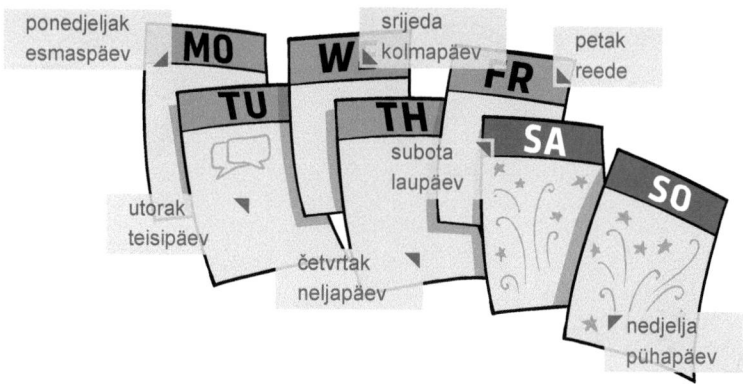

ponedjeljak
esmaspäev

srijeda
kolmapäev

petak
reede

utorak
teisipäev

subota
laupäev

četvrtak
neljapäev

nedjelja
pühapäev

jučer
eile

danas
täna

sutra
homme

jutro
hommik

podne
lõuna

večer
õhtu

MO	TU	WE	TH	FR	SA	SU
1	2	3	4	5	6	7
8	9	10	11	12	13	14
15	16	17	18	19	20	21
22	23	24	25	26	27	28
29	30	31	1	2	3	4

radni dani
tööpäevad

MO	TU	WE	TH	FR	SA	SU
1	2	3	4	5	6	7
8	9	10	11	12	13	14
15	16	17	18	19	20	21
22	23	24	25	26	27	28
29	30	31	1	2	3	4

vikend
nädalavahetus

godina
aasta

kiša
vihm
duga
vikerkaar
snijeg
lumi
vjetar
tuul
proljeće
kevad
jesen
sügis
ljeto
suvi
zima
talv

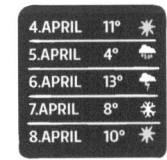

4.APRIL 11°
5.APRIL 4°
6.APRIL 13°
7.APRIL 8°
8.APRIL 10°

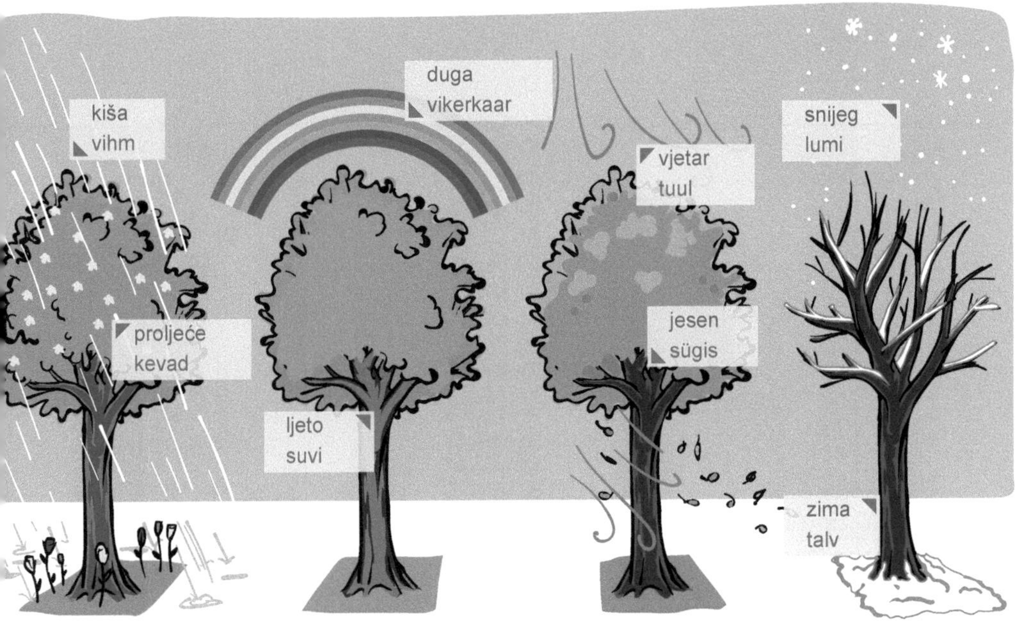

meteorološka prognoza

ilmaennustus

F C
120 90 60 30 0 -30
40 30 20 10 0 -10 -20

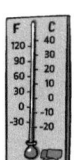

termometar

termomeeter

sunčana svjetlost

päikesepaiste

oblak

pilv

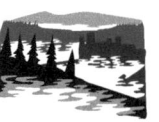

magla

udu

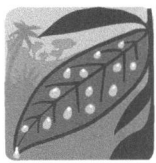

vlažnost zraka

niiskus

munja
....
pikne

grmljavina
....
kõu

oluja
....
torm

tuča
....
rahe

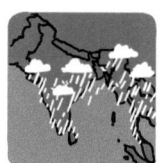

monsun
....
mussoon

poplava
....
üleujutus

led
....
jää

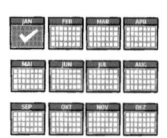

siječanj
....
jaanuar

veljača
....
veebruar

ožujak
....
märts

travanj
....
aprill

svibanj
....
mai

lipanj
....
juuni

srpanj
....
juuli

kolovoz
....
august

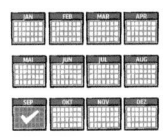

rujan
....
september

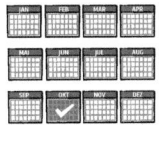

listopad
....
oktoober

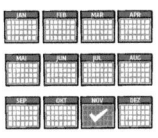

studeni
....
november

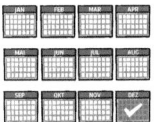

prosinac
....
detsember

oblici
kujundid

krug
....
ring

kvadrat
....
ruut

pravokutnik
....
nelinurk

trokut
....
kolmnurk

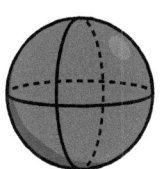

kugla
....
kera

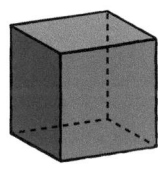

kocka
....
kuup

bijela

valge

žuta

kollane

narančasta

oranž

ružičasta

roosa

crvena

punane

ljubičasta

lilla

plava

sinine

zelena

roheline

smeđa

pruun

siva

hall

crna

must

mnogo / malo

palju / vähe

ljutito / mirno

vihane / rahulik

lijepo / ružno

ilus / inetu

početak / kraj

algus / lõpp

veliko / maleno

suur / väike

svijetlo / tamno

hele / tume

brat / sestra

vend / õde

čisto / prljavo

puhas / must

potpuno / nepotpuno

täielik / puudulik

dan / noć

päev / öö

mrtvo / živo

surnud / elus

široko / usko

lai / kitsas

jestivo / nejestivo

söödav / mittesöödav

zlo / dobro

kuri / sõbralik

uzbuđeno / dosadno

põnevil / tüdinud

debelo / mršavo

paks / peenike

na početku / na kraju

esimene / viimane

prijatelj / neprijatelj

sõber / vaenlane

puno / prazno

täis / tühi

tvrdo / mekano

kõva / pehme

teško / lagano

raske / kerge

glad / žeđ

nälg / janu

bolesno / zdravo

haige / terve

ilegalno / legalno

ebaseaduslik / seaduslik

pametno / glupo

tark / rumal

lijevo / desno

vasak / parem

blizu / daleko

lähedal / kaugel

novo / rabljeno

uus / kasutatud

ništa / nešto

mitte midagi / midagi

staro / mlado

vana / noor

uključeno / isključeno

sees / väljas

otvoreno / zatvoreno

lahti / kinni

tiho / glasno

vaikne / vali

bogato / siromašno

rikas / vaene

točno / pogrešno

õige / vale

hrapavo / glatko

kare / sile

tužno / sretno

kurb / rõõmus

kratko / dugo

lühike / pikk

polako / brzo

aeglane / kiire

mokro / suho

märg / kuiv

toplo / hladno

soe / jahe

rat / mir

sõda / rahu

0

nula

null

1

jedan

üks

2

dva

kaks

3

tri

kolm

4

četiri

neli

5

pet

viis

6

šest

kuus

7

sedam

seitse

8

osam

kaheksa

9

devet

üheksa

10

deset

kümme

11

jedanaest

üksteist

12

dvanaest

kaksteist

13

trinaest

kolmteist

14

četrnaest

neliteist

15

petnaest

viisteist

16

šestnaest

kuusteist

17

sedamnaest

seitseteist

18

osamnaest

kaheksateist

19

devetnaest

üheksateist

20

dvadeset

kakskümmend

100

stotinu

sada

1.000

tisuću

tuhat

1.000.000

milijun

miljon

engleski

inglise

američko engleski

Ameerika inglise

kinesko mandarinski

mandariini

hindi

hindi

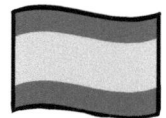

španjolski

hispaania

francuski

prantsuse

arapski

araabia

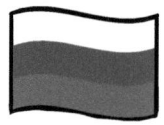

ruski

vene

portugalski

portugali

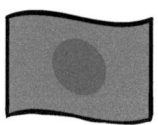

bengalski

bengali

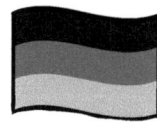

njemački

saksa

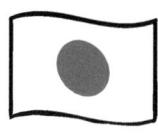

japanski

jaapani

ja

mina

ti

sina

on / ona / ono

tema

mi

meie

vi

teie

oni

nemad

tko?

kes?

što?

mis?

kako?

kuidas?

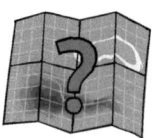

gdje?

kus?

kada?

millal?

ime

nimi

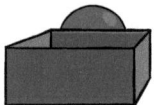

iza

taga

u

sees

ispred

ees

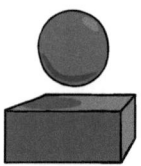

preko

kohal

na

peal

ispod

all

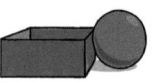

pored

kõrval

između

vahel

mjesto

koht